| IQ·EQ 박사 | 현용수의 쉐마교육 시리즈 ⑰ |

한국형
주일가정식탁예배
순 서 지

현용수 지음

교회교육의
성경적 대안

IQ·EQ 박사 현용수의 유대인의 자녀교육
《IQ는 아버지 EQ는 어머니 몫이다》 총서㉞ : 쉐마교육 시리즈 17

한국형
주일가정식탁예배 순서지

초판	1쇄 2013년 10월 21일
지은이	현용수
펴낸이	현용수
펴낸곳	도서출판 쉐마
등록	2004년 10월 27일
	제315-2006-000033호
주소	서울시 강서구 염창동 263 태진한솔상가 3층
전화	(02) 3662-6567
팩스	(02) 2659-6567
이메일	shemaiqeq@naver.com
홈페이지	http://www.shemaIQEQ.org
총판	한국출판협동조합(일반) (070) 7116-1740
	소망사(기독교) (02) 392-4232

Copyright ⓒ 현용수(Yong Soo Hyun), 2013
본서에 실린 자료는 저자의 서면 허가 없이 복제를 금합니다.
Duplication of any forms can't be published without written permission.

ISBN 978-89-91663-61-9
값 5,000원

도서출판 **쉐 마** 는 무너진 교육을 세우기 위한 대안으로
인성교육과 쉐마교육의 원리와 실제를 연구하여 보급합니다.

<안식일(주일)을 거룩하게 지키는 임무는 하나님의 명령이다>

"**엿**새 동안은 일하고 일곱째 날은 너희를 위한 거룩한 날이니 여호와께 엄숙한 안식일이라 누구든지 이 날에 일하는 자는 죽일지니 안식일에는 너희의 모든 처소에서 불도 피우지 말지니라." (출 35:2-3)

깊이 생각해 봅시다

유대인은 역사적으로 다음 네 가지를 성취했다

1. 유대인은 어떻게 아브라함 때부터 현재까지 4000년 동안 자손 대대로 하나님의 말씀을 전수하는 데 성공했는가?
2. 유대인은 어떻게 전 세계를 유랑하면서도 자신들이 거주하는 지역의 이방문화에 동화되지 않고, 자녀들에게 성결교육을 시키는 데 성공했는가?
3. 이스라엘의 인구는 약 700만 명인데도 어떻게 13억의 아랍권을 이길 만한 국가 경쟁력이 있는가?
4. 유대인은 어떻게 노벨상 32%를 받을 만큼 IQ교육에도 성공했는가?

유대인의 성공과 생존 비밀은 무엇인가? 누가, 어디에서, 왜, 무엇을, 언제, 어떻게 교육을 시키는가? 가장 근원적이고 종합적인 교육의 모형은 '안식일가정식탁예배'이다.

한국형 주일가정식탁예배
순서지

〈본 순서지는 한국형 주일가정식탁예배 예식서의
내용 중 예배 참석자를 위해 간단한 순서만 요약한 것임〉

1장 한국형 주일가정식탁예배 준비
2장 한국형 주일가정식탁예배 순서

> "
> 하나님이 원하시는 한국인 기독교인에게 맞는
> 주일가정식탁예배의 모형은 어떤 것일까?
> 아마도 본 예식서가 가장 근접한 모형일 것이다.
> 초대교회의 유대계 기독교인들이 실천한 이후(행 2:46),
> 이방 기독교인들을 위해서는 처음일 것이다.
> "

A Korean Family Table Service

제1장

한국형 주일가정식탁예배 준비

* 표시는 일어서야 함

1. 절기 음식 준비
2. 온 가족 집안 청소 · 목욕 · 한복 입기
3. 헌금(쩨다카)
4. 촛불 점화와 어머니의 기도
5. 주일의 신부를 맞이하라 *
6. 가장의 축복기도
    A. 아버지는 제사장의 축복기도를 음송 *
    B. 아내를 위한 축복기도
    C. 아들을 위한 축복기도
    D. 딸을 위한 축복기도
7. 아내와 어머니를 위한 노래 *
8. 정결예식 (경건하게, 회개와 화해)

1. 절기 음식 준비
2. 온 가족 집안 청소·목욕·한복 입기
3. 헌금(쩨다카)
4. 촛불 점화와 어머니의 기도

어머니의 기도문

"거룩하신 하나님 아버지, 지난 한 주일 동안 저희 가정을 지켜주셔서 감사합니다. 이 시간 가장인 남편을 저희 가정의 제사장으로, 말씀 맡은 자로 세우셨사오니, 사명을 잘 감당할 수 있는 지혜를 주옵소서. 또한 저희 자녀들이 부모의 가르침에 경청하고 순종하는 효자가 되도록 하시고, 지혜의 영이신 성령을 부어 주옵소서. 악한 수평문화로부터 분리되어 성결케 하여 주옵소서. 그리고 저희가 섬기는 교회와 한국 교회와 전 세계 한인 디아스포라 교회에 복을 내려 주옵소서. 대한민국과 이 나라의 지도자들에게 선한 양심을 주옵시고, 나라를 하나님의 뜻대로 잘 통치할 수 있도록 지혜를 허락하여 주옵소서. 조국 대한민국에 복음이 충만토록 하시고 평화와 번영을 허락하여 주옵소서. 북한의 고통 받는 동족들을 불쌍히 여기시고 그들에게도 하루 속히 자유와 복음을 허락하여 주옵소서. 예수님 이름으로 기도드립니다. 아멘"

5. 주일의 신부를 맞이하라 *

6. 가장의 축복기도

A. 아버지는 제사장의 축복기도를 음송 *

민수기 6:24-26

"여호와는 네게 복을 주시고 너를 지키시기를 원하며 여호와는 그 얼굴로 네게 비취사 은혜 베푸시기를 원하며 여호와는 그 얼굴을 네게로 향하여 드사 평강 주시기를 원하노라."

B. 아내를 위한 축복기도

"거룩하신 하나님 아버지, 아내를 위해 축복합니다. 지난 한 주간 가족을 위해 수고하고 애쓴 아내에게 이 시간 건강의 복과 기쁨의 복을 내려주옵소서. 늘 가정을 밝히는 빛의 사명을 감당하기에 부족함이 없도록 이 시간 성령으로 충만케 하옵소서. 늘 그 배에서 생수의 강, 기쁨의 강이 흘러넘치게 하옵소서. 새로운 한 주 동안도 사랑과 정서와 눈물로 가족을 돌볼 수 있는 힘을 허락하여 주옵소서. 예수님의 이름으로 기도드립니다. 아멘"

C. 아들을 위한 축복기도

창세기 48:20

"하나님께서 너를 에브라임 같고 므낫세 같게 하시기를 원하노라"(May God make you like Ephraim and Manasseh).

"하나님 아버지, 이 시간 사랑하는 OO를 위해 축복합니다. 지난 한 주간 동안 세속의 수평문화로부터 지켜주셔서 감사합니다. 이 시간 주님의 거룩한 영, 성령을 부어주옵소서. 지혜와 명철의 영을 부어주옵소서. 늘 하나님의 말씀과 부모의 말씀을 경청하며 순종하는 자녀가 되게 하소서. 예수님의 이름으로 기도드립니다. 아멘"

D. 딸을 위한 축복 기도

"하나님이 사라와 리브가와 라헬과 레아 같게 하시기를 원하노라"(May God make you like Sarah, Rebecca, Rachel and Leah). (Donin, 1972; Leri & Kaplan, 1978)

"하나님 아버지, 이 시간 사랑하는 OO를 위해 축복합니다. 지난 한 주간 동안 세속의 수평문화로부터 지켜주셔서 감사합니다. 이 시간 주님의 거룩한 영, 성령을 부어주옵소서. 지혜와 명철의 영을 부어주옵소서. 늘 하나님의 말씀과 부모의 말씀을 경청하며 순종하는 자녀가 되게 하소서. 예수님의 이름으로 기도드립니다. 아멘."

7. 아내와 어머니를 위한 노래 *

설명: 남편과 자녀들이 '쉐마 어머니 노래'를 부를 때에는 할머니와 어머니는 부르지 않고 듣기만 한다.

노래가 끝나면 자녀들은 어머니에게 다가가 "다른 여자들보다 엄마가 최고야! 고마워요."라고 말하며 포옹해준다. 뒤를 이어 남편은 아내에게 다가가 손을 맞잡고 이렇게 말한다.

"여보, 이 세상에 수많은 여인들이 있지만 당신이 최고요. ○○가문에 들어와 영적으로 혈통적으로 우리 가문을 일으켜 세워주어 고마워요." (잠 31:28-30)

그리고 가볍게 포옹해준다.

참고 성경 말씀

누가 현숙한 여인을 찾아 얻겠느냐 그 값은 진주보다 더하니라. (잠 31:10)

그 자식들은 일어나 사례하며 그 남편은 칭찬하기를 덕행 있는 여자가 많으나 그대는 여러 여자보다 뛰어난다 하느니라 고운 것도 거짓되고 아름다운 것도 헛되나 오직 여호와를 경외하는 여자는 칭찬을 받을 것이라. (잠 31:28-30)

8. 정결예식 (경건하게, 회개와 화해)

온 가족이 부엌의 싱크대로 자리를 옮겨 아버지가 대표로 이렇게 기도한다.

야고보서 4:8

> "하나님을 가까이 하라 그리하면 너희를 가까이 하시리라 죄인들아 손을 깨끗이 하라 두 마음을 품은 자들아 마음을 성결하게 하라."

가장부터 순서대로 오른 손에 물을 두 번 천천히 부으며 이렇게 기도한다.

> "거룩하신 하나님 아버지, 한 주 동안 저의 마음과 입술로 지은 죄를 회개합니다. 물로 손을 씻듯이 저의 죄를 정결하게 씻어주옵소서"

그리고 왼 손에 물을 두 번 천천히 부으며 이렇게 기도한다.

> "거룩하신 하나님 아버지, 한 주 동안 저의 손과 발로 그리고 모든 행위로 지은 죄를 회개합니다. 물로 손을 씻듯이 저의 죄를 씻어주옵소서 예수님 이름으로 기도합니다. 아멘"

설명: 기도를 마친 후 수건으로 손의 물을 닦는다. 그리고 1주일 동안 부모님과 자녀들 혹은 형제와 자매 사이에 서로 원망

할 일이 있으면 식탁 예배를 드리기 전에 먼저 화목하기 위하여 자신의 죄를 고백하고 소통하기 바란다(마 5:23-24).

그리고 정결예식은 정결한 마음으로 주일가정식탁예배를 준비하는 순서이다. 따라서 이후에는 온전히 예수님만 생각하기 위하여 말을 하지 않아야 한다. 혹시 의사소통이 필요하면 표정과 손짓 발짓으로 하면 된다.

더 참고할 성경 말씀

> 진실로 너희에게 이르노니 무엇이든지 너희가 땅에서 매면 하늘에서도 매일 것이요 무엇이든지 땅에서 풀면 하늘에서도 풀리리라. (마 18:18)

> 그러므로 예물을 제단에 드리려다가 거기서 네 형제에게 원망들을 만한 일이 있는 것이 생각나거든 예물을 제단 앞에 두고 먼저 가서 형제와 화목하고 그 후에 와서 예물을 드리라. (마 5:23-24)

> 그러므로 누구든지 주의 떡이나 잔을 합당하지 않게 먹고 마시는 자는 주의 몸과 피에 대하여 죄를 짓는 것이니라 사람이 자기를 살피고 그 후에야 이 떡을 먹고 이 잔을 마실지니 주의 몸을 분별하지 못하고 먹고 마시는 자는 자기의 죄를 먹고 마시는 것이니라. (고전 11:27-29)

제2장

A Korean Family Table Service

한국형 주일가정식탁예배 순서

* 표시는 일어서야 함

1. 묵도: 시편 128편(경건하게) *
2. 신앙고백(사도신경) *
3. 쉐마3대찬양(다같이) *
4. 분잔과 분병 예식
   A. 분잔 예식
   B. 분병 예식
5. 식사 및 성경공부
6. 찬양(쉐마아버지노래와 쉐마효도찬양)
7. 합심기도회
8. 폐회: 주기도문
** 폐회 후: 잠자리 들기 전 쉐마 한국 예절 가르치기

1. 묵도: 시편 128편(경건하게) *

시편 128:1-6

"여호와를 경외하며 그의 길을 걷는 자마다 복이 있도다 네가 네 손이 수고한 대로 먹을 것이라 네가 복되고 형통하리로다 네 집 안방에 있는 네 아내는 결실한 포도나무 같으며 네 식탁에 둘러앉은 자식들은 어린 감람나무 같으리로다 여호와를 경외하는 자는 이같이 복을 얻으리로다 여호와께서 시온에서 네게 복을 주실지어다 너는 평생에 예루살렘의 번영을 보며 네 자식의 자식을 볼지어다 이스라엘에게 평강이 있을지로다. 아멘"

2. 신앙고백(사도신경) *

"나는 전능하신 아버지 하나님, 천지의 창조주를 믿습니다.
나는 그의 유일하신 아들, 우리 주 예수 그리스도를 믿습니다.

그는 성령으로 잉태되어 동정녀 마리아에게서 나시고,
본디오 빌라도에게 고난을 받아 십자가에 못 박혀 죽으시고,
장사 된지 사흘 만에 죽은 자 가운데서 다시 살아나셨으며,
하늘에 오르시어 전능하신 아버지 하나님 우편에 앉아 계시다가
거기로부터 살아있는 자와 죽은 자를 심판하러 오십니다.

나는 성령을 믿으며, 거룩한 공회와 성도의 교제와
죄를 용서 받는 것과 몸의 부활과 영생을 믿습니다. 아멘."

3. 쉐마3대찬양 (다같이) *

참고:

- 가정에서 가족끼리 부를 때는 '우리 집'을 자신의 성(姓)씨를 넣어 부른다. (예: 현씨네 3대가….)

- 교회에서 부를 때는 '한 교회'를 자신이 속한 교회 이름을 넣어 부른다.

4. 분잔과 분병 예식

A. 분잔 예식

가정의 가장은 포도즙이 든 병을 두 손으로 들고 가족 앞에서 이렇게 기도한다.

"예수님, 우리의 죄를 대속하시기 위해 십자가 위에서 흘리신 보혈, 진심으로 감사하며 잊지 않겠습니다. 이 시간 다시 한 번 주님의 보혈의 피로 저희를 머리끝에서부터 발끝까지 성결케 하여 주옵소서. 예수님 이름으로 기도드립니다. 아멘"

B. 분병 예식

가장은 두 손으로 빵을 들고 하나님에게 감사한 마음으로 다음과 같이 기도한다.

"거룩하신 하나님 아버지, 일용할 양식을 주셔서 감사합니다. 예수님의 몸을 상징하는 이 빵을 먹음으로 먼저 주님이 십자가 상에서 겪으신 고난을 기억합니다. 그리고 말씀의 떡으로 오신 주님을 기억하며 항상 말씀을 묵상하며 말씀 속에서 살게 하여 주옵소서. 예수님처럼 느끼고 예수님처럼 생각하고 예수님처럼 행동하는 저희들 되길 소원합니다. 예수님의 이름으로 기도합니다. 아멘"

5. 식사 및 탈무딕 디베이트식 성경 공부

6. 찬양(쉐마 아버지 노래와 쉐마 효도 찬양)

성경 공부가 끝나면 '쉐마아버지노래'와 '쉐마효도찬양'을 다 같이 부른다.

7. 합심기도회

합심 기도를 할 때에는 한국식으로 온 가족이 식탁에서 내려와 바닥에 무릎을 꿇고 앉아서 먼저 개인별로 하나님에게 기도를 드린다. 그리고 촌수의 서열대로 가장 연장자부터 한 사람씩 엎드린 후에 나머지 온 가족이 그의 등에 손을 얹고 그의 기도 제목을 위하여 간절히 중보기도를 해 준다. 아버지는 이때에 자녀들의 머리에 손을 얹고 기도해 주어도 좋다.

8. 폐회: 주기도문

각자 소리 내어 외워도 좋고 찬양으로 불러도 좋다.

마태복음 6:9-13

"하늘에 계신 우리 아버지, 아버지의 이름을 거룩하게 하시며 아버지의 나라가 오게 하시며, 아버지의 뜻이 하늘에서와 같이 땅에서도 이루어지게 하소서. 오늘 우리에게 일용한 양식을 주시고, 우리가 우리에게 잘못한 사람을 용서하여 준 것 같이, 우리의 죄를 용서하여 주시고, 우리를 시험에 빠지지 않게 하시고 악에서 구하소서. 나라와 권능과 영광이 영원히 아버지의 것입니다. 아멘"

** 폐회 후: 잠자리 들기 전 쉐마 한국 예절 가르치기

자녀들이 잠자러 방에 들어가기 전에 조부모와 부모님들에게 한국식 예절로 큰절을 올리게 한다. 자녀들이 큰절을 할 때에는 어른들에게 이렇게 말하게 한다.

"OOO님, OOO님 편안히 주무세요."

어른들은 이렇게 화답한다.

"오냐, 예수님 생각하며 단잠 자거라."

큰 절이 끝나면 가족끼리 서로 포옹해준다.

> "
> 행복을 밖에서 찾으면 마지막에 비극이 오고
> 가정에서 찾으면 천국의 기쁨을 누린다
> "